καιρός
カイロスブックス

朝岡 勝 Masaru Asaoka

剣を鋤に、槍を鎌に

キリスト者として憲法を考える

いのちのことば社

はじめに

二〇一三年四月からクリスチャン新聞で始まった緊急連載「憲法が変わるってホント？どうなる、私たちの生活・信仰」（後に、クリスチャン新聞編『クリスチャンとして「憲法」を考える』〈いのちのことば社、二〇一四年〉として書籍化）で、最初の六回の執筆を担当しました。また二〇一六年三月から四月にかけて、仏教系の宗教新聞「中外日報」に四回にわたって随筆を寄せました。同年六月には新教出版社から、山口陽一先生（東京基督教大学学長）との共著で、『キリストが主だから――いま求められる告白と抵抗』を出版しました。いずれも憲法についての自分なりの考えを論じたものです。

現行憲法が施行されて七十年。天皇制の問題が大きく横たわっているものの、この憲法が謳う人権の理念とその法制化の歴史的過程に及ぼしたキリスト教の影響が大きいことや、それがこの国の福音伝道によってもたらされてきたこと（森島豊『人権思想とキリスト教』教文館、二〇一六年参照）の意味を思うとき、ますますキリスト者として憲法を考え、憲法を語ることが求められている時代を迎えていると思います。

　本書も、一人のキリスト者、牧師として、いま、この時代に、この国に生かされている者として、憲法や平和、いのちの問題について、折々に考えてきたことをお分かちしたものです。ご一緒に考えていただくきっかけになれば幸いです。

目　次

一章　聖書が目指す世界

　私は憲法について専門的に勉強した者ではありません。二十二歳でキリスト教会の牧師の務めに就いて以来、岡山と東京の教会でずっと仕えてきました。それでも、自分もこの国の主権者の一人ですから、憲法は大事なものだということは常々思っていて、自分なりに考えたり、学んだりしてきました。今日はそれに基づいたお話をさせていただきます。ですから、基本的な知識で間違っているところなどありましたら、そのあたりのことは教えていただいたり、ご訂正いただけたりしたらありがたいと思っております。

　憲法や平和というテーマでお話しする機会は今までもたびたびありましたが、だいたいこういう集まりはあまり楽しくない（笑）。そもそも扱うテーマがあまり楽しくありません。おまけに、私がこのようなテーマに取り組み始めて十数年経ちますが、この間、社会の状況はますます深刻さを増しており、私たちの心も重いものを抱えてうなだれてしまいがちです。

けれども、キリスト教信仰を支えている大きな一つの要素は「希望」です。「望み得ないときにこそ望むのだ」ということを聖書は語っていますから、そういう意味では、希望をもった話で終われるようにしたいと思っています。

少数者の自覚

私は、茨城県の土浦というところで生まれ、高校を卒業するまでそこで育ちました。父が教会の牧師をしていて、教会で生まれ育った者です。キリスト教信仰をもつことは、私にとってきわめて自然なことでした。しかしあるときから、日本の社会の中でキリスト者であるとは、基本的に少数者なのだということを自覚させられるようになりました。

そのことを初めに感じた、ある出来事があります。小学校の低学年のころのことです。今の学校ではおそらくこんなことはしないと思いますが、クラスで「お家の仕事は何か」を調べる授業がありました。さまざまな職業が書いてある紙が配られ、その中から自分の親の仕事に丸をつけなさい、と先生に言われました。

当然のことながら、いろいろな職業が書いてあるなかに「教会の牧師」という選択肢はありません。しばらく考え込んでから手を挙げて、「うちのお父さんの仕事がここにないのですが、どうしたらいいですか」と先生に聞きました。担任の先生は、うちがキリスト教の教会だということを知っていますから、しばらく考えてこう言われました。「そうだなぁ。おまえのところは『その他』だな。」

それで「その他」の項に丸をつけたのです。今でこそ笑い話ですが、子どもながらに「うちのお父さんの仕事は『その他』なのか……」と、いささかショックを受けました。そんなことがあって、基本的にこの日本の社会の中でキリスト者として生きるというのは、少数者として生きることなのだと知った、幼いころの経験です。

東日本大震災の後に、東北の被災地に何度も通いました。岩手の沿岸地の仮設住宅を訪問したときのことです。仮設の集会所で開いたお茶会に出てこられた男性の方から、「どっから来た?」「仕事は何やってんだ?」と聞かれたので、「東京から来ました。キリスト教の牧師をしています」と答えると、「『牧師』っていうのを初めて見た」と言われました。「初めて会った牧師がこんな感じですみません」と答えたのですが、確かに日本の社会で「牧師」に会うというのは、そう頻繁にあることではないでしょう。

これらの些細な経験からでも、自分が少数者であると自覚させられたのは、私にとってとても大きな意味をもっています。これは後でも触れますが、やはり社会の中で声を上げなければ、少数者の声はないものにされてしまいます。少数者の声とは基本的に尊重されにくいものであり、それをことさらに言うと、「わがままだ」と受け取られやすい社会の中で、キリスト者である、少数者であることのもつ意味は何なのかと、ずっと考えさせられてきました。

それから、もう一つのことがあります。私の母方の祖父は、やはりキリスト教会の牧師をしていました。その祖父は戦時中、プロテスタント・キリスト教の、日本で最も大きな教団である日本基督教団の「第六部」というところに所属していました。今はホーリネス教団という名前が付いているグループです。当時、「宗教団体法」という法律のもとに、国策によって宗教団体が束ねられていきました。戦前に数多くあったプロテスタント諸教派が、国の主導によってひとつにまとめられ、一九四一年（昭和十六年）六月に成立したのが「日本基督教団」です。

ところが、そのなかで、私の祖父も属するホーリネス系の牧師たちが、一九四二年（昭和十七年）六月に治安維持法違反の容疑で検挙されるという事件がありました。これは、当時全国で一斉に起こった出来事で、翌年四月の第二次検挙と合わせると、百二十名以上の牧師たちが逮捕された「ホーリネス弾圧事件」として知られるものです。

当時、東京の神田で牧師をしていた祖父も治安維持法違反の容疑で捕まり、約一年間、獄中生活を送りました。この弾圧によって獄中で亡くなった牧師もいますし、その後、ホーリネス系の教会は閉鎖、解散を余儀なくされたという歴史があります。

私の祖父は牢獄にいるとき、チフスという病気にかかったため病院に移されて、結果的に生きて出て来ることができたそうです。私は幼いころから折に触れて、このような獄中での壮絶な体験を聞かされてきました。ですから少数者であるという自覚と同時に、かつてこの国ではキリスト者がそのような仕打ちを受けたということも、私の中に強く印象づけられたのでした。

しかし、日本のキリスト教界で弾圧を受けたのは、ホーリネス系の教会だけではありませんでした。むしろ宗教弾圧という点でより典型的なケースが、「美濃ミッション事件」です。一九二九年（昭和四年）から戦時中にかけて、岐阜県大垣市で、美濃ミッションの教会に通うキリスト者の子どもたちが信仰上の理由から神社に参拝することを拒否し、以後、伊勢神宮参拝や当時の天皇崇拝の国民儀礼を拒否し続けたという出来事がありました。

その結果、大垣市内はもとより、岐阜県内、そして全国各地から非難の声が上がり、主要な新聞にも「美濃ミッションを排撃しましょう」という一大キャンペーンがはられて、宣教師たちは国外に退去させられ、やがて牧師たちは治安維持法違反で逮捕、教会も閉鎖、解散させられていくという出来事に発展していきました。

しかも、ホーリネス弾圧にしても、美濃ミッション弾圧にしても、他のキリスト教会への弾圧にしても、当時のキリスト教界の大勢は、この弾圧を黙認し、あるいは弾圧する側につき、自分たちと彼らの信仰は違う、彼らは極端な原理主義者だ、というスタンスを取り続け、結果的に見捨てることさえしたのです。キリスト教界の中にも、多数派と少数派がいたのです。

いずれにしても、このような歴史を経験してきた日本のキリスト教界ですから、今回の「共謀罪法案」についても、私たちは敏感にならざるを得ないのです。一九二五年（大正十四年）に制定された治安維持法は、最初は全七条というわずかな条文で成立しましたが、その後、度重なる改正によって条文は六五条にまで増えていき、処罰の上限も最終的には死刑にまで引き上げられました。また、当初は共産主義思想の取り締まりから始まった同法の適用対象は、「国体ヲ変革スルコトヲ目的トシテ結社ヲ組織シタル者」として、宗教団体や学術団体、芸術団体などにまで拡大されていったのです。

こうして、国家に反すると見なされれば、ありとあらゆる思想をもっている人を捕まえられる法律がかつて存在し、それと同じような危険性を含みもっている法律が再び出来上がってしまったことを思うと、思想弾圧を経験した者たちからすれば、このことに対して敏感にならざるを得ません。ですから「共謀罪法案」のときに、最終的に公明党も反対しなかったことは非常にショックでした。創価学会も弾圧された経験をもっているわけですから。

幼いころに、祖父の経験を聞いて「昔は、そういうことがあったのだ」と思っていたものが、ここ数年では「いずれまたそういうことが来る」という感覚に、自分の中で変化していることを実感します。これは、かつての話ではないし、他人事でもない、自分もそういうことの当事者になるような時代が来つつあるし、すでにもう始まっているのではないか、という危機感が日増しに強くなってきているのです。

その一方で、以上のような経験から、幼いときから若いときまでは、日本におけるプロテスタント・キリスト教を「迫害される側」という被害者的な視点でしか認識してこなかったのですが、やがて日本のキリスト教会史を学んでいくなかで、教会の加害者性の問題に気づかされていくようになりました。日本基督教団の成立も、自ら国策に迎合していった側面があることは事実ですし、教会がアジアに対する侵略戦争に積極的に加担していった歴史があります。

戦時中の日本基督教団では、零戦を奉納しましょうという献金の呼びかけがなされたり、戦勝祈願、武運長久を祈る祈りが教会の中で捧げられたり、礼拝の中で君が代斉唱、宮城遙拝が行われたり、当時の八紘一宇の精神にもとづいてアジアの諸教会に向けて書き送られた、悪名高い『日本基督教団より大東亜共栄圏に在る基督教徒に送る書翰』という文書を出したり、当時の植民地であった隣国の教会に、神社参拝を強制する決議を迫ったりするようなことさえ行われていたのです。このような歴史を知ることには、大きなショックと痛みが伴いましたが、それによって私たちも「加害者」なのだということを、強く認識させられるようになりました。

日本のキリスト教会に連なる者の一人として過去の歴史を顧みるとき、今の日本の中に露呈している、特に憲法をめぐる状況や、自由の問題、平和の問題、いのちの問題は、私にとって決して避けて通ることのできないテーマとなっています。それは自分の側からの関心が強まっているということ以上に、時代の状況が、問いをもって迫って来ているという実感です。

私は東京に来て十八年になりますが、この数年、地元で平和づくりに熱心に取り組んでおられる方々から、「宗教者として、どういうことを考えているのか話をしてくれ」と声をかけていただく機会が増えました。かつては、地域の中で教会自体の存在もあまり知られていない、まして牧師が何をやっているのかもわからないと思われていたようです。

ところが、この数年、特に改憲の潮流が強まり、東日本大震災と原発事故が起こり、再び戦争ができる国になろうとする動きが強まり、人々の暮らしや経済が逼迫し、ナショナリズムが高揚され、外国籍の人々に対する排斥運動が強まるようになってきています。そのような時代の中で、いのちに関わること、平和に関わることについては、宗教者は何かしらの言葉をもっているはずだ、と思っている方々が多くおられることを実感しています。そして、いのちや平和の尊さを語る言葉を欲していることを知らされています。

この求めに対して、ひとりの宗教者、キリスト者、牧師としてどのように答えることができるのか、自分なりの責任の負い方のようなことを考えさせられているものです。本書の執筆も、そのような流れの上にあるものと位置づけています。ですから、「キリスト者」、「牧師」という視点からの言葉があちらこちらに出てくることをご了解いただきたいと思っています。

聖書が目指すもの

私たちキリスト者は「聖書」という書物を大事にします。聖書の語るところにしたがって、いろいろなことを考えたり、それに基づいて自分の生き方を問うたり、社会を見たりします。聖書が目指している世界とはどういう世界なのだろうかと考えるとき、三つほど聖書の言葉をご紹介したいと思います。一つは、旧約聖書イザヤ書という書物からの言葉です。

「主は国々の間をさばき、多くの民族に判決を下す。彼らはその剣を鋤《すき》に、その槍を鎌に打ち直す。国は国に向かって剣を上げず、もう戦うことを学ばない。」

（二章四節）

これは聖書が描く終末、つまり、世界の終わりの時にどういう世界が到来するのか、という一つのビジョンです。これはキリスト教信仰の中では大事な「終末論」というひとつの教義であり、「彼らはその剣を鋤に、その槍を鎌に打ち直す。国は国に向かって剣を上げず、もう戦うことを学ばない」世界が到来するのだというものです。これは後で触れますが、日本国憲法の前文や、憲法九条の言葉と読み合わせてみると、非常に響き合うものを感じます。

それから、新約聖書の中でよく知られた言葉ですが、イエス・キリストが語った山上の説教の言葉の初めに「祝福の教え」、「幸いの教え」と言われるものがいくつか続きます。その中の一つにこの言葉があります。

「平和をつくる者は幸いです。その人たちは神の子どもと呼ばれるからです。」

（マタイの福音書五章九節）

この「平和をつくる」という言葉に、いつも教えられます。ただ黙って待っていたら平和が来る、とは言っていません。平和は「つくらなければならない」のです。なぜでしょうか。それは人間というのは、基本的に平和と逆の方向に生きようとする存在であることを、聖書は見抜いているからです。聖書の教えでは、それを人間の「罪」というのですが、

「罪」の本質は、「自分のことしか考えない」自己中心、「都合の悪いことは人のせいにする」責任転嫁です。

今の日本の政治や官僚の世界を見渡してみると、「私は知らない、部下が勝手にやったことだ」と言ってだれも責任を取ろうとしない。罪の本質が露わになっています。でもそういう中で、平和をつくるということを聖書は促しています。ですから、終末のビジョンに対して私たちにはやることがあると聖書は語っているのです。

それから、同じ新約聖書の中で、「エペソ人への手紙」にこういう言葉があります。

「実に、キリストこそ私たちの平和です。キリストは私たち二つのものを一つにし、ご自分の肉において、隔ての壁である敵意を打ち壊し、様々な規定から成る戒めの律法を廃棄されました。こうしてキリストは、この二つをご自分において新しい一人の人に造り上げて平和を実現し、二つのものを一つのからだとして、十字架によって神と和解させ、敵意を十字架によって滅ぼされました。」

（二章一四～一六節）

「二つのものを一つにする」、「隔ての壁である敵意を打ち壊す」――イエス・キリストは、そういう〝良き知らせ〟をたずさえて来られた。これが、聖書が語ることです。

今の私たちが生きている世界を見渡すと、実際に隔ての壁があちらこちらに張りめぐらされています。それこそ抽象ではなく、現実の問題として、です。在日韓国・朝鮮の方々に対する民族差別、ヘイトクライムが後を絶ちません。今の政治のリーダーたちの中にも偏った民族主義が広がっています。日本だけの話ではありません。アメリカでもトランプ大統領が「メキシコとの国境に塀を作れ」というような話をしています。あちらこちらでナショナリズムが台頭し、極右主義が強まり、自分たちとは異なる民族に対する憎悪を駆り立て、排撃していくような動きが強まっています。

このような時代の中で平和をつくるには、隔ての壁を打ち壊すことが必要なのだ、と聖書は語る。これは非常に理想的なことに見えるでしょう。しかし、ただ理想を掲げるのではなく、その理想を実現するためにはどのようにしたらよいのか。それらを実現可能にするリアリティーを伴った道筋をどのように見いだし、具体的な戦略とプログラムをもって生きられるのか。「平和は大切です」と口にするだけなら簡単ですが、しかし実際に、剣を鋤に打ち直し、敵意という壁を打ち壊し、平和をつくり出していくにはどうしたらよいのか。これが、私たちに与えられた大事な課題だと思わされています。

二章　日本国憲法が希求する世界

憲法には、その国の一つの理想とする形を言葉で言い表したもの、という性格があるように思います。そして実際に、日本国憲法の前文を読むと、この国が希求する世界がどういうものであるかが言い表されています。

「日本国民は、正当に選挙された国会における代表者を通じて行動し、われらとわれらの子孫のために、諸国民と協和による成果と、わが国全土にわたつて自由のもたらす恵沢を確保し、政府の行為によつて再び戦争の惨禍が起ることのないやうにすることを決意し、ここに主権が国民に存することを宣言し、この憲法を確定する。そもそも国政は、国民の厳粛な信託によるものであつて、その権威は国民に由来し、その権力は国民の代表者がこれを行使し、その福利は国民がこれを享受する。これは人類普遍の原理であり、この憲法は、かかる原理に基くものである。われらは、これに反する一切の憲法、法令及び詔勅を排除する。

日本国民は、恒久の平和を念願し、人間相互の関係を支配する崇高な理想を深く自覚するのであつて、平和を愛する諸国民の公正と信義に信頼して、われらの安全と生存を保持しようと決意した。われらは、平和を維持し、専制と隷従、圧迫と偏狭を地上から永遠に除去しようと努めてゐる国際社会において、名誉ある地位を占めたいと思ふ。われらは、全世界の国民が、ひとしく恐怖と欠乏から免かれ、平和のうちに生存する権利を有することを確認する。

われらは、いづれの国家も、自国のことのみに専念して他国を無視してはならないのであつて、政治道徳の法則は、普遍的なものであり、この法則に従ふことは、自国の主権を維持し、他国と対立関係に立たうとする各国の責務であると信ずる。

日本国民は、国家の名誉にかけ、全力をあげてこの崇高な理想と目的を達成することを誓ふ。」

（「日本国憲法」前文）

これは非常に高い志をもった言葉だと思います。

私が第一次安倍内閣、第二次安倍内閣をずっと見てきて痛切に感じる一つのことは、この政権は「言葉」を重んじない。言葉に対して非常に侮蔑的というか、言葉を侮る政治が行われているということです。

国会審議の場での首相や閣僚の答弁やヤジ、記者会見での対応、「『そもそも』という言葉には、『基本的に』という意味もある」とか、「安倍首相は当然、ポツダム宣言を読んでいる」などの閣議決定、公文書の改竄、削除、数々の失言、暴言、強弁とそれに対する言い訳、かたちだけの謝罪の言葉など……。さまざまなところで用いられる言葉が、どれもこれも、それに対してなんら信頼を置いていないことが透けて見えてくるようで、言葉に対する相当な危機感を抱かざるを得ないのです。

自民党は二〇一二年四月に「日本国憲法改正草案」を公表しています。自民党は党是として「自主憲法制定」を謳っていますので、自らの考えを公にするのはわかるのですが、問題は、なぜ現行憲法を変えなければならないと考えているのかという、その理由です。

彼らは、今の憲法は戦後、アメリカから押しつけられた憲法であり、日本の伝統や価値観にそぐわないもので、文章表現や用語も「全体が翻訳調でつづられており、日本語として違和感がある」と言います。

自民党改憲草案が目指すもの

では、自民党の改憲草案はどうか。実際に読んでみましょう。

「日本国は、長い歴史と固有の文化を持ち、国民統合の象徴である天皇を戴く国家であって、国民主権の下、立法、行政及び司法の三権分立に基づいて統治される。

我が国は、先の大戦による荒廃や幾多の大災害を乗り越えて発展し、今や国際社会において重要な地位を占めており、平和主義の下、諸外国との友好関係を増進し、世界の平和と繁栄に貢献する。

日本国民は、国と郷土を誇りと気概を持って自ら守り、基本的人権を尊重するとともに、和を尊び、家族や社会全体が互いに助け合って国家を形成する。

我々は、自由と規律を重んじ、美しい国土と自然環境を守りつつ、教育や科学技術を振興し、活力ある経済活動を通じて国を成長させる。

日本国民は、良き伝統と我々の国家を末永く子孫に継承するため、ここに、この憲法を制定する。」
（自民党「日本国憲法改正草案」前文）

二つの文章を声に出して読み比べてみますと、日本語としての響きの違い、言葉の選び方や表現など、日本国憲法のほうが断然良いと思うのは、私ひとりだけではないでしょう。自民党の憲法草案の言葉は、薄っぺらいうえに、尊大で、それらしき言葉は使っていても、結局は、お金を儲けて豊かな国になろうという本音が透けて見えてしまっているという印象を受けます。

こうしてみると、現行憲法の前文に込められた理念というのは、本当に大事だなと思います。特に冒頭のところで「日本国民は、……われらとわれらの子孫のために、諸国民との共和による成果と、わが国全土にわたつて自由のもたらす恵沢を確保し、政府の行為によつて再び戦争の惨禍が起ることのないやうにすることを決意し」たという、このような平和への決意は大切にしなければならない理想でしょう。またこうも言います。

「日本国民は、恒久の平和を念願し、人間相互の関係を支配する崇高な理想を深く自覚するのであって、平和を愛する諸国民の公正と信義に信頼して、われらの安全と生存を保持しようと決意した。」

ここにも「恒久の平和」に対する「念願」と、「崇高な理想」への「自覚」、そして「安全と生存」を保持する「決意」が述べられています。

ところが自民党改憲草案は、このような平和への理想は「ユートピア的発想による自衛権の放棄にほかならない」として、現行憲法前文を否定してしまうのです。

また、憲法九条は以下のようにいいます。

第九条　日本国民は、正義と秩序を基調とする国際平和を誠実に希求し、国権の発動たる戦争と、武力による威嚇又は武力の行使は、国際紛争を解決する手段としては、永久にこれを放棄する。

二　前項の目的を達するため、陸海空軍その他の戦力は、これを保持しない。国の交戦権は、これを認めない。

ここに表れる「国際平和を誠実に希求し」とか、「武力による威嚇又は武力の行使は、……永久にこれを放棄する」などの言葉と、先に挙げた旧約聖書イザヤ書の言う「その剣を鋤に、その槍を鎌に打ち直す。国は国に向かって剣を上げず、もう戦うことを学ばない」とは、その精神において共鳴するものがあると思います。

実際に、今の憲法の成立過程の中にも、日本における自由民権運動の中心人物の一人である植木枝盛が起草した私擬憲法「東洋大日本国国憲按」（一八八一年）の民主的な憲法理念や、あるいは戦後の憲法改正において重要な役割を果たした、憲法学者鈴木安蔵たち「憲法研究会」による「憲法草案要綱」（一九四五年）など、日本における憲法研究の中に、キリスト教的な人権観、平和観などとの接触が現実としてあったことがわかります。このような理念が、普遍的な世界の共有財として流れ込んできているのが今の憲法ではないかと私は思っています。

けれども、今の自民党の人たちはそれが嫌いなのです。現行憲法に表れているのは欧米的な価値観であったり、西洋的な個人主義の人権思想であったりして、自分たちの価値観とは違うと簡単に言ってしまうのですが、それこそ長年の人類が培ってきた歴史に対する非常に傲慢で不遜な姿勢なのではないかと私は思います。歴史や思想、言葉に対する謙虚さに欠ける姿勢が、あらゆることに表れているように思えてならないのです。

現実の課題としての憲法改正論議

では、私たちは憲法のことをどう考えるか。これは何か一般論や抽象論としての「改憲・護憲」の議論ではなく、現実の問題として私たちの前に現れてきているテーマです。

すでに憲法改正のための手続きである国民投票法は二〇〇七年に成立、二〇一〇年に施行され、現在もより具体的な改正案が議論されています。選挙権も十八歳まで引き下げられました。衆参両院に憲法審査会が設置され、話し合いが始まっています。憲法を変える手順は整えられ、両院から発議されれば、実際に憲法改正の手続きは動き出せる大勢がほぼ出来上がっています。

しばしば憲法改正に対する懸念を話題にすると、「憲法は絶対ではないのだから、改正そのものは悪いことではないだろう」、「書き換える必要がある条文があれば、どんどん変えていけばよいのではないか」という声が上がることがあります。

しかし現実の問題として、では現行憲法のどの部分が、どのような内容に、どのような理由で変えられようとしているのか、どうして変える必要があるのか、変えることによってどのような国の形が現れようとしているのか、そのあたりのことを一つ一つ具体的に考えることがなければ、ただ一般論として憲法を変えることは良いか悪いか、という話ではほとんど意味をなしません。憲法を変えることは問題ではないのではないか、と言ってみたとして、その内容に関心をもたず、実際に改正されてみてはじめて「このように変わるとは思っていなかった」と言っても遅いのです。

そもそも改憲を推進しようとする人々も、憲法を変えたいという一点張りで、その理由や具体的な提案は議論が進んでいません。確かに二〇一七年一二月には、自民党の憲法改正推進本部が「憲法改正に関する論点取りまとめ」を発表し、「改憲四項目」として「自衛隊について」、「緊急事態について」、「合区解消・地方公共団体について」、「教育充実について」を掲げましたが、これらについても実質的な議論はほとんど始まってもいないというのが実状でしょう。

そのような中で、数にモノを言わせて憲法改正が発議され、手続法に則って国民投票が行われるようなことになれば、現在の改憲勢力の人たちに圧倒的に有利に動いていく余地がたくさんあります。特にメディアに対する政権与党の介入、圧力、締めつけというのは本当に露骨です。テレビやネット、さまざまなメディアを駆使し、非言語的なイメージによる戦略、いろいろな刷り込みというものがなされていくと、国民はあっという間に一つの流れの方向に向いてしまうのではないかと危惧します。

各種の世論調査を見ると、憲法改正、九条改正について、国民はさほど必要性を感じているようには思えません。しかし改憲勢力の人々は、何より変えたい条文が九条でありながらも、そこだけに注目が集まると議論になってしまうので、「環境の問題をどうしますか」、「緊急事態のことはどうしますか」、「大学無償化はどうしますか」などと、いろいろなことをセットにして、全体を丸め込んで改憲に進みたいという思惑があるようですが、森友問題、加計学園問題から財務省の記録改竄や官僚のセクハラ問題などが噴出して、改憲勢力が当初願っていたようなペースでは進まないようで、まだまだ先は見通せません。

今、憲法は守られているのか

では、現実として今の憲法は守られているのだろうか、ということを考えてみましょう。たとえば憲法前文には「日本国民は、正当に選挙された国会における代表者を通じて行動し」とあり、第四三条も「両議員は、全国民を代表する選挙された議員でこれを組織する」とあります。

ここで問題となるのが、いわゆる「一票の格差問題」です。選挙の公平性は、その選挙によって選ばれた議員によって構成される議会の正当性を担保する、きわめて重要な条件ですが、衆議院選挙については直近の過去三回の選挙について「違憲状態」の司法判断が下され、参議院選挙でも二〇一〇年と二〇一三年の選挙についてはいずれも「違憲状態」と判断されています。その後、参議院では選挙区の合区を導入して、議席配分を調整して違憲状態を解消させ、衆議院でも昨年、選挙区を見直した法案が成立しました。しかし、今も全国で過去の選挙の正当性を問う裁判は継続しています。そもそも今の国会議員たちは、正当に選挙された私たちの代表者と言えるのか、という根本的な問題があるでしょう。

他にもいろいろと考えなくてはいけないことがあります。震災後の東北、熊本の現状、原発事故後の福島の現状、さらには基地問題を抱えている沖縄の、辺野古や高江で繰り広げられている、国による市民への弾圧的な振る舞いを見るときに、第二五条の「すべて国民は、健康で文化的な最低限度の生活を営む権利を有する」が本当に守られているのだろうか、みんながそういう生活をできるということが確保されているのだろうか、と疑問に思います。

そしてこの数年、私たちが学んできたことの一つは、今の内閣は立憲主義を破壊して、憲法の最大原則である国民主権を否定し、基本的人権を制限して、平和主義を捨てようとしているのではないかということです。そもそも第九九条が定める憲法擁護義務を守るつもりがないところに致命的な問題があると思います。「とにかく黙って国の言うことを聞いてくれる国民であってほしい。」これが今の為政者たちの本音ではないかと思うのです。

また、この数年の伊勢神宮に対する異様なまでの肩入れなどを見るとき、政教分離の原則もきわめて危うくなっていると感じます。たとえば二〇一三年の伊勢神宮式年遷宮のとき、安倍首相は遷御の儀という一番のクライマックスの式に参列しました。首相の参列は実に一九二九年の濱口内閣以来のことだったと言われます。二〇一六年の伊勢志摩サミットは首相の強い意向で同地での開催が決まったと言われ、各国首脳を伊勢神宮に連れて行き、参拝こそせずとも、各国首脳が首相の出迎えのもとに神宮境内に招き入れられる光景は、まさに政治による宗教利用とも言うべきものでした。

さらに二〇一八年の年頭会見は伊勢神宮で行われ、この様子はNHKで放送されました。これら一連の動きをもって、戦前からずっとあった「神宮の神姿顕現運動（神宮の真の姿を世に示す運動）」であり、政治の「聖なるもの」との密着であるとの指摘が、島薗進氏などの宗教学者によって指摘されています。憲法第二〇条が定める政教分離の原則は、いよいよなし崩しにされているように思われてなりません。

三章　自民党改憲草案の問題点

次に自民党改憲草案の問題について、一人のキリスト者の目から見て問題と感じるいくつかのポイントを挙げておきたいと思います。

①基本的人権の尊重の否定

「基本的人権の尊重」は、近代民主主義国家の大前提とも言うべきもので、九七条には次のように謳われています。

九七条　この憲法が日本国民に保障する基本的人権は、人類の多年にわたる自由獲得の努力の成果であつて、これらの権利は、過去幾多の試錬に堪へ、現在及び将来の国民に対し、侵すことのできない永久の権利として信託されたものである。

ところが驚くことに、自民党改憲草案はこの九七条をまるごと削除しています。また一三条の「すべて国民は、個人として尊重される」を、自民党改憲草案は「全て国民は、人として尊重される」として、「個」を削除します。ひとりの人間として重んじられるべき尊厳の価値が、いかにも軽く扱われているように思われてなりません。「神のかたち」に造られた「ひとり」の尊厳を教えられているキリスト者としては、見過ごすことのできない重要な変更点です。

②立憲主義の否定

本来、憲法は主権者である国民が、自分たちの代表として選んだ為政者を縛るためにあるものですが、自民党憲法草案の第一〇二条はこうなっています。

改憲草案一〇二条　全て国民は、この憲法を尊重しなければならない。

二　国会議員、国務大臣、裁判官その他の公務員は、この憲法を擁護する義務を負う。

このように、本来の立憲主義の考え方がひっくり返されて、国家が国民に憲法の尊重を求めるものになってしまっているのです。

自民党改憲草案の数々の問題点を指摘する書物がたくさん出版されていますが、その中で専門家の方々がすでに指摘しているように、新しい憲法草案には、国民に対して「これを尊重しろ」「これは義務だ」というものが多くあります。「国防の責務」（前文）、「国旗国歌の尊重義務」（三条二項）、「領土・資源の保全協力責務」（九条の三）、「家族の相互扶助義務」（二四条一項）、「環境保全協力責務」（二五条の二）などです。こうした点を挙げて、そもそも改憲草案そのものの建て付けが間違っている、と指摘されているとおりです。

③個人よりも国家を優先し、個人を制限する姿勢

さらに国民の権利についても改憲草案一二条、二九条の「公共の福祉」との文言が「公益及び公の秩序」に、一三条、二一条などでは「公共の福祉に反しない限り」が、「公益及び公の秩序に反しない限り」と改められています。「公」（おおやけ）が前面に出てくる

ことには懸念を覚えます。たとえば政権を批判するデモなどの意思表示や報道、出版は「公の秩序に反する」という文言の前に萎縮させられる可能性があります。

実際に選挙の際に政権批判の横断幕を掲げたら、警官がやって来て取り囲まれたとか、「あんな人たちに負けるわけにはいかない」と首相が叫ぶようなことがありました。国会前のデモを封じる警察による過剰警備の問題もあります。やがては労働者のストライキ権なども「公益に反する」という文言ゆえに行使しづらくなることが起こり得るのではないでしょうか。いずれにせよ、個人よりも国家を優先し、個人の権利を制限する姿勢がどんどん強められていく危険があるでしょう。

④天皇制国家の価値観の強要

これは具体的に挙げると、天皇の元首化、国旗国歌の尊重義務、家族の尊重義務です。新しい憲法草案では、天皇を「日本国の元首」に位置づけようとしています。

改憲草案一条　天皇は、日本国の元首であり、日本国及び日本国民統合の象徴であって、その地位は、主権の存する日本国民の総意に基づく。

前文にも「天皇を戴く国家」と記されたように、改憲草案は天皇を「元首」と明記することで、国民主権を有名無実化しようとしているのではないかと懸念します。

また、新しく加えられるものとして、改憲草案の三条があります。

改憲草案三条　一　国旗は日章旗とし、国歌は君が代とする。
二　日本国民は、国旗及び国歌を尊重しなければならない。

一九九九年に「国旗・国歌法」が成立したときに、日本で一番短い法律と言われました。「第一条　国旗は、日章旗とする。第二条　国歌は、君が代とする。」しかし、改憲草案の三条では、その後の二項で「国旗及び国歌を尊重しなければならない」と加えています。

公立学校で日の丸・君が代の強制が始まってずいぶん経ちます。私も親として、地元の小学校・中学校の卒業式・入学式に参加しますが、日の丸・君が代の徹底ぶりの恐ろしさみたいなものをひしひしと感じます。私は板橋区に住んでいますが、あるときから、卒業式、入学式では、着席させないで立ったまま「君が代」が斉唱されるようになりました。しかも、教育委員会から来た若い職員が体育館のバルコニーから、歌っているかどうかを見て回っているのです。ここまでするのかと恐ろしく感じています。
先生や来賓が登壇する際には、壇上に掲げられている日の丸に向かって深々とお辞儀をする。子どもたちは、あれはだれに対してお辞儀をしているのか？と素朴な疑問を抱くでしょう。しかし、憲法にそうするようにと書き込まれる、ということが起こるのです。そして、これも何かと話題になるのが改憲草案の二四条です。

改憲草案二四条　家族は、社会の自然かつ基礎的な単位として、尊重される。家族は、互いに助け合わなければならない。

実はこの二四条こそ、改憲を願う人々の中で、特に悲願とされているものと言われます。家族のあり方という私的な領域にまで国が関与しようとする。日本の価値や伝統を守りたいと考える保守運動の中で、家族の問題はその価値観の中心にあります。しかもそこでの家族観は、封建的な家父長制度の延長線上に位置づけられるものです。「日本会議」系の諸団体が、男女同権や夫婦別姓の推進に強く反対し、フェミニズムを嫌悪し、父親、母親の役割を固定しようとする主張をし、根拠の薄い「親学」のようなものを教育現場で推進しようとする背景には、このような復古的な家族観があるのです。
むしろ本音の部分には、超高齢化社会を迎えていくにあたって、社会保障費をできる限り抑制したいという思惑があるのでしょう。年老いた親や障害をもつ子どもの世話などは、とにかく国に頼らず、家族でやってください、ということです。そして、その分のお金は国防予算にまわしたいということなのではないでしょうか。

⑤信教の自由・政教分離原則のなし崩し

キリスト者として一番注意しなければいけないのは、改憲草案二〇条です。

改憲草案二〇条　信教の自由は、保障する。国は、いかなる宗教団体に対しても、特権を与えてはならない。
二　何人も、宗教上の行為、祝典、儀式又は行事に参加することを強制されない。
三　国及び地方自治体その他の公共団体は、特定の宗教のための教育その他の宗教的活動をしてはならない。ただし、社会的儀礼又は、習俗的行為の範囲を超えないものについては、この限りでない。

ここでの問題は、「三」の後半にある「ただし、社会的儀礼又は、習俗的行為の範囲を超えないものについては、この限りでない」の一文です。

この条文が入ることによって、これまで争われてきた、政教分離に関する裁判そのものが意味をなさなくなってしまいます。首相のヤスクニ参拝違憲訴訟もそうですし、津地鎮祭訴訟や自衛隊員の合祀拒否の裁判もそうです。かつての大嘗祭のときにも、私たちの先輩牧師たちは、天皇代替わりの神道儀式が国費によって行われることは、政教分離原則の違反ではないかということで裁判を起こしました。そのほかにも、首相や議員たちが靖国神社へ行ったり、伊勢神宮へ行ったりするたびに抗議の文章を出しています。しかしこのところ、「政教分離」ということを、一顧だにしない雰囲気が強まっていると思います。

自民党の改憲草案について、その解説やQ&AもPDFでダウンロードできるようになっています。そこを読むと、たとえば二〇条三についての解説では、「最高裁判例を参考にして後段を加え、『社会的儀礼又は習俗的行為の範囲を超えないもの』については、国や地方団体による宗教的活動の禁止の対象から外しました。これにより、地鎮祭に当たって公費から玉串料を支出するなどの問題が解決されます」と記されています。

また憲法改正推進本部の元メンバーで、草案の起草責任者でもあった磯崎陽輔参議院議員は、ご自身のウェブページで草案について解説しており、そこではこの部分について「靖国神社参拝も、明文の規定をもって、禁止されないことになります」と記しています。ここに、この条文に込めた本音が表れていると言えるでしょう。

もしこのような改正が実現すれば、首相、閣僚、ひいては天皇の靖国神社公式参拝の復活、さらには国民の神社参拝強制、靖国神社や伊勢神宮、明治神宮の国営化などの議論が進むことになるでしょう。かつて「国民儀礼」の名の下に天皇崇拝、神社参拝に屈してきた罪責を担う日本の教会にとっては、これは決して繰り返してはならないものであり、二〇条は最大の問題点であると言わなければならないのです。

⑥「戦争放棄」から「安全保障」へ

そして、九条の問題がここに出てきます。九条改憲に関しては、その後、自民党内にもさまざまな議論があって、九条一項、二項を維持したうえで自衛隊を憲法に明記するという案や、九条二項を削除して自衛隊の目的や性格を明確にするという案などが出て、集約できないままになっています。二〇一八年三月二十五日に開かれた自民党の創立大会の時に、とりまとめた案を発表する段取りだったようですが、それができずにいるわけです。

私は、そもそも安保法制は九条を逸脱した憲法違反だと思っていますが、政府による一方的な解釈改憲によって安保法制が成立されてしまった今、なお重ねて九条の明文改憲が必要なのかということも問わなければならないでしょう。

⑦「緊急事態条項」の問題

それから、自民党の改憲四項目の主眼にもなっている、新たに設けられる緊急事態についての条項です。

改憲草案九八条　内閣総理大臣は、我が国に対する外部からの武力攻撃、内乱等による社会秩序の混乱、地震等による大規模な自然災害その他の法律で定める緊急事態において、特に必要があると認めるときは、法律の定めるところにより、閣議にかけて、緊急事態の宣言を発することができる。

改憲草案九九条　緊急事態の宣言が発せられたときは、法律の定めるところにより、内閣は法律と同一の効力を有する政令を制定することができるほか、内閣総理大臣は財政上必要な支出その他の処分を行い、地方自治体の長に対して必要な指示をすることができる。

改憲草案Q＆Aでは、この条項について、「有事や大規模災害などが発生したときに、緊急事態の宣言を行い、内閣総理大臣等に一時的に緊急事態に対処するための権限を付与することができることなどを規定しました。……今回の草案では、東日本大震災における政府の対応の反省も踏まえて、緊急事態に対処するための仕組みを、憲法上明確に規定しました」と説明されています。要は一旦、緊急事態が起こった際には、内閣は立法府である国会の審議も飛ばしてさまざまな法的措置をすることができ、さらには国民のさまざまな権利も制限することができると記されているのです。

確かに、ここ数年の大規模災害が続くと、このような緊急事態への対応は必要と感じる人々が多いかもしれません。しかし専門家たちによれば、実際には今すでに整備されている災害対策基本法や災害救助法、その他数々の関連法規によって、想定されているような事態に対処することはできると指摘されています。

緊急事態条項を含むいわゆる「国家緊急権」は、一時的とはいえ、国民の主権を著しく制限し、国家権力者にフリーハンドを与える「全権委任法」と呼ばれます。ヒトラーの時代を考えれば、その危うさは想像のつくことです。それだけに東日本大震災や熊本震災を引き合いにして緊急事態条項の必要を訴えることは、「惨事便乗型」の改憲論議と言わざるを得ません。

抵抗権について

私はキリスト者、牧師として生きているなかで、やはり「自由といのちの問題」は、特に大事なことだと思っています。人間に与えられている良心の自由は、人間を人間たらしめているものです。何によってもその自由を拘束することはできない、そういう自由を人は与えられています。そして、自分で生きているのではなく、いのちは与えられて、生かされているという宗教的確信の中で生きている者として、それが侵されることに対しては、やはりNOを言わないといけないのです。

聖書の教えの中でイエスさまが言われた言葉に、「あなたの右の頰を打つ者には左の頰も向けなさい」（新約聖書・マタイの福音書五章三九節）というものがあります。

小学生のころ、クラスにいじめっ子がいて、そういう子にかぎってなぜかちょっとした聖書知識をどこかで仕入れてきて、「おまえの家は教会だろう。右のほっぺたを叩かれたら左も出すんだろう」と言って、ペシャリ、ペシャリと頰を張ってくるわけです。

私もやんちゃだったので、ほっぺたを張られたら、ゲンコツで殴り返して、「牧師の家をなめるな！」などと言っていました。今振り返ると、平和的ではなかったのを反省していますが。もともと聖書は、暴力で暴力に対抗することには否定的です。「剣を取る者はみな剣で滅びる」（新約聖書・マタイの福音書二六章五二節）とも主イエスは言われました。

しかし、ただ相手の暴力を黙認していればよいかと言えば、そうではないと思います。国会前のデモに行ったりすると、時にキリスト教会の中でも批判が起こります。「クリスチャンがデモをするのはどうなんだ」、「キリスト者が、反対したり抗議したり、『安倍やめろ！』などと言ってもいいのか」というようなことを言われます。

キリスト教の歴史の中には「抵抗権」というものがあります。この思想は、一六世紀の宗教改革の時代から培われてきた大事なものです。基本的に聖書は、為政者とは神が立てた秩序であり、神が許して立てているものとして、これを敬い、重んじることを教えます。

しかし、その為政者たちにも超えてはいけない分があると教えます。そして、もし超えていけない分を超えて、やってはいけないことを始めてしまった為政者がいたならば、それに対しては抵抗し、合法的な仕方でその暴政をやめさせるよう働きかけたり、場合によっては、その為政者を権力の座から引きずり下ろしたりしなければならない。そういう「抵抗権」の思想がキリスト教の歴史の中に流れているのです。その場合、もちろん非暴力での抵抗、というのが大事なことでしょう。

二〇一八年は、アメリカの公民権運動のリーダーであったマーティン・ルーサー・キング牧師が暗殺されてから五十年の記念の年です。キング牧師は黒人差別の現実を覆すために非暴力抵抗を貫いて闘った人物で、非暴力抵抗の思想をインドのマハトマ・ガンジーから学んだと言われますが、もちろんその根底には聖書が語る平和の教えがありました。「目には目、歯には歯」ではダメなのです。しかし目の前で行われる悪を見て見ぬふりをして見過ごすこともいけない。非暴力による抵抗、力に拠らない闘いをしていかなくてはならない。人のいのちが、良心の自由が、人の尊厳が踏みにじられることが起こったとき、「それはやってはいけません」と声を上げなければいけないのです。

それは、権力があろうがなかろうが、地位があろうがなかろうが、社会的な影響があろうがなかろうが、ひとりの人間としてしなくてはならないことです。だれかに頼まれたからとか、そうすることによって何らかの見返りがあるとか、そういうことではなく、ただ神の前に生きるひとりの人間として、その良心によって声を上げないといけない、抵抗しなくてはいけない局面がある、ということです。

私たち日本の教会には、権力者からの圧力に抵抗しきれなかった歴史があります。国家がその分を超えたことに対して、抵抗を貫くことができずに敗北したのです。長いものに巻かれて、周囲から村八分にされることを恐れて、みんなから浮き上がらないキリスト教、少数者・異端者として無視されないキリスト教であろうとした。そしてその結果どうなったかというと、実際にはますます相手にされないキリスト教になってしまったのです。

聖書は「あなたがたは地の塩です」と言います（新約聖書・マタイの福音書五章一三節）。塩とは、ひとつまみで全体に影響を与えるものです。少数者として存在する大事な使命があるのです。そして、さらに聖書は「もし塩が塩気をなくしたら、……もう何の役にも立たず、外に投げ捨てられ、人々に踏みつけられるだけです」と語ります。おこがましい言い方ですが、私たちキリスト者が塩気をもち、腐敗をとどめる存在としてこの社会の中に置かれている。生かされている。そう強く自覚させられているのです。

四章　自由といのちが脅かされる時代に

日の丸・君が代強制をめぐって

私が、この時代に生かされているひとりのキリスト者として黙っていることはゆるされないと思うようになった一つのきっかけは、二〇〇三年秋に東京都教育委員会が出した「一〇・二三通達」です。これは公立学校の先生たちへの「日の丸・君が代」の強制と、それに基づく処分が始まった時です。

教員として働いているキリスト者の中に、日の丸に頭を下げること、君が代を歌うことや伴奏することとは、自分の信仰の良心に基づいてすることができないと考える方々があり、その方々に対する圧力が強まったり、実際に処分がくだされたりする現実を知らされたとき、これは私たちの信仰が脅かされる事態だと考えるようになりました。

また私が国会前のデモや抗議集会に初めて参加したのは、二〇〇六年の第一次安倍内閣による教育基本法改悪の時でした。国家の力が、その分を超え始めていると感じたのです。そのときに自分の意思を表明したいと思い、国会前に通うようになりました。自宅から電車を乗り継げば三十分くらいで国会議事堂前まで行ける場所に住んだからには、行ける人が行かなければと、それ以来しばしば国会前に足を運ぶようになりました。

キリスト教信仰の基本的な性格として、自分たちの信仰を言い表すということがあります。信仰を私事、つまり自分の心の内側のこととはとらえません。自分の「信じたこと」と「生きること」が一つながりであるように、と聖書は語ります。

聖書に「人は心に信じて義と認められ、口で告白して救われる」（新約聖書・ローマ人への手紙一〇章一〇節）という言葉があります。「私はこの信仰に生きています」と、自分の口できちんと言いなさいということです。

教会の信徒の方々、特に若い人たちには、学校や職場で自己紹介をするときには、できるだけ自分はクリスチャンだと表明するように、そしてクリスチャンとしてできること、できないことがあると言うようにと勧めます。たとえ少数者であっても、信仰の良心が尊重されることは、とても大事なことなのです。信仰を心の内側の私事にしない、むしろ自らの信じるところを明らかにして生きることを、私たちはとても大事にしていますし、周りにも大事にしてもらえる社会であってほしいと願っています。

しかし、「日の丸・君が代」強制のときに起こったことは何かというと、「あなたが心で何を信じていようとかまわない。でも、職務命令では皆と同じように従いなさい」ということです。良心は心の中のこと、身体の所作はそれとは別のこととして切り離し、個人の良心とは関わりなく、身体は全体に服従するように求められる。これは、私たちキリスト者にとっては非常に重大なことだと思っています。

東京都の公立小学校の音楽教員で、佐藤美和子さんという方がいます。彼女は二〇〇〇年三月、当時の勤務校の卒業式において、日の丸掲揚が強行されることになり、子どもたちに、これらは強制されるものではないという思いを伝えるべく、青いリボンを服に付けて式に臨み、それをもって服務違反とされたのです。

さらに二〇〇一年三月以後は卒業式において君が代斉唱も導入され、佐藤先生は音楽教員として伴奏を求められます。佐藤先生は牧師の娘さんで、ご自身もキリスト者です。このキリスト者の良心に照らして、かつて戦争の時代に日の丸・君が代のもとで行われたさまざまな悲しい事実を考えると、自分は君が代伴奏はできないとし、これを拒否した結果、職服に対する不服従として処分を受けることになったのです。

これに対して、佐藤先生は二〇〇四年二月に、東京都と国立市を相手取って民事訴訟を起こします。これが「ピースリボン裁判」と呼ばれるもので、最高裁まで争われることになった、良心の自由をめぐる重要な裁判でした。この裁判をめぐっては何冊かの書物が出版されていますが、私が特に心に留めたのは、『子どもが見ている背中——良心と抵抗の教育』（岩波書店、二〇〇六年）という、関西学院大学教授で、精神科医の野田正彰先生が書かれた本でした。この本には、二〇〇四年二月の提訴の際に東京地裁に提出された意見書がそのまま載っています。その中で、佐藤先生が裁判を闘っていくなかで、体を壊してしまわれたときの様子が記されていました。強いストレスによる出血性胃潰瘍で、胃から出血してしまった佐藤先生のことを、精神科の医師としてずっと診てきた野田先生は、その本の中で書いておられます。

「（二〇〇四年）三月初めより、胃のあたりが刺し込むように痛み始めた。三月十二日、胃の内視鏡検査を受け、多数の出血が発見され、病院へ救急車で運ばれ、緊急入院となった。同病院で、内視鏡下に八箇所の止血が行われた。……彼女の急性出血性胃潰瘍は、明らかに精神的緊張によるものであり、治療にあたった二人の内科医もストレスの軽減をあえて書かざるを得なかった。六年間にわたる絶えることのない脅迫、苛め、理不尽な強要に葛藤しながら耐えてきた佐藤美和子さんだったが、もはや身体が耐えられないと張りつめた精神に伝えたのだった。もし急激な胃出血の発見が遅れていれば、出血性ショック状態に陥り、生命の危険があったとも考えられる。」

後日あるシンポジウムでご一緒した際、佐藤先生ご自身が、このときのことを振り返って「このときに、正直に反応してくれた体に私の心が感謝していた」と言い、さらに、こうもおっしゃっていました。

「『君が代』強制に際してよく言われること。『心では何を考えてもよい。ただ公務員なのだから、心と体を切り離して職務を全うすべき』と言われる、その心と体の峻別ということが、いかに人間の尊厳を損なうものかということを深く考えていました。そして、心と体が決して切り離されずに一体となっていたこと、先に体が危険を察知して知らせてくれたこと、そんな体に感謝していました。」
（日本キリスト改革派教会宣教と社会問題に関する委員会編『教会は「日の丸・君が代」強制の問題といかに向き合うべきか』一麦出版社、二〇一三年）

私が佐藤先生のお話を聞いて、非常に印象深く残っているのが、「心と体の峻別」を強制されたときに「先に体が危険を察知して知らせてくれた」と言われたことです。自分の良心が「それはできない」と訴えていることを、校長先生に「職務命令だから君が代をピアノで弾いてください」と言われたときに、体のほうが先に悲鳴をあげたのです。

人間とは、自分の心が大切にしていることと違うことをさせられたとき、体がちゃんと反応するのだ、と。自分の信じていることと、生きていることが引き裂かれていく、そういうことがなされているのが、今、教育の現場で起こっていることなのです。そうでもしないと生きていけない教育現場になってしまったら、先生たちが本当に信念をもった教育ができるのでしょうか。もしそれができなかったとしたら、そこで学ぶ子どもたちはどうなっていくのでしょうか。そう思うと、これは先生だけの問題ではないと思います。

クリスチャンで、日の丸・君が代強制の義務がないことを確認するという、いわゆる

「予防訴訟」を闘っている先生にお会いするときに、いつも私たちが問われるのは、「教会の人々は、このことを他人事として見ているように思えてならない。本当にそれでいいのでしょうか」ということです。自分が集う教会で「私はこういうことをやって闘っているから祈ってほしい」と言うと、教会のみんなに「学校の先生は大変ですね」と言われる。どこか他人事なのだというのです。

しかし、これは決して一部の人の問題ではない。良心の自由が侵されることは、民主主義社会の根幹が崩されることであり、また信仰者にとってはとりわけ譲ることのできない生命線に関わるものです。その意味で、私たちの当事者意識が大事であり、一人の人間として、どうしても反応しないといけないテーマであることを教えられています。

「特定秘密保護法に反対する牧師の会」のこと

二〇一三年十二月六日、「特定秘密保護法に反対する牧師の会」を立ち上げました。「特定秘密保護法」という法律が、ほぼ何の前触れもなくいきなり作られる、という話が出てきたとき、詳しいことはわからなかったのですが、直感的にそういうのは嫌だなと思ったのです。そして、自分の身の周りやＳＮＳを通じて、このような法律は嫌だと発言していました。あのころ、さまざまな分野の方々が「秘密保護法に反対する○○の会」のようなものを、次々と立ち上げていた時期でもありました。

まさに法案が成立しようかというその日の正午に、一人の牧師から連絡が入りました。最初はメールで、次には電話で。後に私とともに共同代表になった安海和宣牧師です。それまで面識はあったものの、さほど交流のなかった彼は私にこう訴えられました。「学者の方々も動いたように、牧師も動きませんか。朝岡先生、音頭を取ってください。全面的にバックアップします。」

ちょうどこの時期、同じような声が幾人かの方からも寄せられており、私自身も「このままでいいのだろうか。何かすべきことがあるのではないか」と内心問われてもいました。しかし正直に言うと、自分が音頭を取ることには躊躇がありました。思い立った人がやってくれれば、それに応援はしたいという気持ちでした。それに「署名集めをしましょう」と言っても、だれがどう呼びかけるのか、必要な手立てはだれが整えるのか、集まった署名はだれが数えて、どう取りまとめるのか。そしていったいどのようにして提出するのか。膨大な事務作業はだれが担うのか。お金はどうするのか。コピーを取ったり、封筒に入れたり、切手を貼ったり、そういう最終的なことをだれがやるのか、などということを考えて二の足を踏んでいたのです。

するると、また別の方からメールがきて、「キリスト者は声を上げるべきだ」と言われました。またある方は「先生が動いてくれたら、実務的なことは引き受けます」と申し出てくださった方もありました。短い時間の中で、そういうことが続いたのです。

そうすると、キリスト者というのは「これは神さまが言っているのではないか」と思ってしまうところがあるので、「これはきっと神さまからのチャレンジだな」と受けとめて、会の立ち上げを決心したのです。それから約三時間。安海牧師と二人であちらこちらに電話を掛けて、三十一人の牧師が呼びかけ人になってくれました。さらに広く賛同を募る文章を作り、署名集めを始めることにしました。

短時間に幅広く署名を集めるならば、ホームページを作って署名フォームを載せればよいと考えましたが、そもそもホームページなど作り方がわからない。そこでFacebookで「だれかホームページを作ってくれる人いませんか」と書きました。するとすぐに知り合いのクリスチャンの方が電話をくれて、「先生、何をしようとしているのですか」と聞くので、主旨を説明すると、「そんなのは簡単です」と言って、三十分くらいで署名フォーム入りのホームページを作ってくださいました。それを公開して「特定秘密保護法に反対する牧師の会」がスタートしました。

その日の夕方に国会前に行き、夜の十一時半過ぎに参議院を通過してしまったときの様子をスマートフォンで撮った写真が、後にブックレット『なぜ「秘密法」に反対か――開かれた平和のために祈りつつ』（新教出版社、二〇一四年）の装丁に使われたものです。

こうして立ち上がった会には、約十日間で四百四十名の賛同者が与えられ、最終的には約五百三十名近い牧師が賛同してくださいました。日本で今、プロテスタントのクリスチャンは、人口の一パーセント、実際は〇・三パーセントくらいだとも言われています。そのなかで牧師をやっている人は、さらにわずかな数になりますが、その中での五百三十名ですから、これは画期的な出来事だったと思っています。

少数者であっても、言うべきことはしっかりと言わないといけない。その思いを強くしました。数に拠らない闘い方があるはずということで、小さな者であっても声を上げたことで、小さな闘いが少しずつ広がっていったのでした。

「安保法制」の国会審議のときは、安海牧師が中心となって、衆参の特別委員会に所属する国会議員に議員要請をするために、議員会館を回りました。ある方が「議員要請」という方法があることを教えてくれました。その方は手続きも何もわからない私たちに、懇切丁寧に、入館証の取り方から面会の仕方まで教えてくれ、「議員さんは国民の代表だから、国民の要請を聞く責任があるので、ちゃんと聞いてくださいますよ」と励ましてくださいました。

そこで「特定秘密保護法に反対する牧師の会」の賛同者に「議員要請に一緒に行きませんか」と呼びかけ、集まってくださったメンバーで、数週間にわたり手分けして、与野党の議員の部屋を一つずつ訪ねて歩いたのです。牧師たちだけでなく、時には大学生たちも一緒に歩いてくれました。安倍首相の議員会館の部屋にも行きましたが、ドアを開けてもらえませんでした。アポイントを入れただけで、「結構です」と言われてしまいました。

それでも自民党の議員の部屋で丁寧に対応していただいたこともありました。秘書の方が対応する場合がほとんどでしたが、「じつはうちの先生も反対ですが、党議拘束がかかっちゃっているので」とか、「次の選挙が近いので」というような本音を言われることもありました。広島や長崎の被爆地から選ばれている議員さんは、与野党問わず、平和の問題に対しては関心をもっておられましたし、実際に生身で接してみるとわかることがたくさんあることも、そのときに学びました。

遠くから「やめろ」とか言っているだけだと、なかなか相手の顔もわかりませんし、やはりこちらから「私たちの声を聞いてください」と訪ねて行くと、そこで対話が起こる。これは得がたい経験でした。

また、これも実際に経験して学んだことですが、やはり最初から喧嘩腰で行ったら、どうしても相手も喧嘩腰になります。しかし、平和のための働きかけですから、働きかけも平和的にすることが大事だなと思いました。最初は向こうも身構えて、「何しに来た」という感じで、門前払いばかりくらうので、こちらも多少学習して、お訪ねする議員さんについて事前に下調べをして行くようにしました。その議員さんが加わっている議連は何か調べて行き、「先生は○○国との友好議員連盟に入っていらっしゃいますね。よその国との平和づくりを一生懸命なさって、そういう見識のある先生だと思っておりました」みたいなことを言うのです。そうすると向こうもまんざらではなく、「うちの先生は、そういうふうにやっております」と応じてくれて、少しガードが緩む。そこから「だれも戦争を望んでいませんよね。やっぱり平和が大事ですよね。ぜひ平和のために働いてください」と話を進めると、一応はこちらの話を聞いてはくれるのです。

その人の良心を目指して言葉を投げかけていく。そういうことをあきらめたくないと思います。相手の所属とか、立場とか、肩書きとか、もちろんそういうものは大事なのですが、それでも最初からレッテルを貼って決めつけないで、その人の良心に向かって言葉を投げかけていきたいと思うのです。中にはひどい対応をされてしんどい思いをすることもありますが、それでもあきらめずに、その人の中に神が与えた良心があるのだと信じて、ボールを投げ続けていくことは必要だと思わされています。

五章　いのちと自由と平和のために

避けては通れないもの

いのちのかけがえのなさを訴え続けていく。いのちの大切さを伝えていく。それは教育の役割であろうと思いますし、宗教も同じであるはずです。そしていのちの大切さを考えていくと、どうしても憲法の問題と触れ合わざるを得なくなってくるのです。

私自身は、もともと憲法や政治的な活動に関心があったわけでも、専門的に学んだこともありませんが、ひとりの牧師としてこの時代、この社会に生きていると、向こうからやってきてすれ違うことができない、そこで出会ってしまったテーマだったのです。いのちのことを考えたり、自由のことを考えたり、平和のことを考えたりすると、やはりどうしても憲法の問題は避けて通れない、今の政治の課題とは関わらざるを得ない。それは避けがたいものだと思っています。

第二次世界大戦の時代、ドイツの牧師であり、神学者でもあるディートリヒ・ボンヘッファーという人がいました。この人は、いち早くナチ政権の悪魔性を見抜き、ユダヤ人迫害のもつ犯罪性を訴え、ナチに対する抵抗運動に加わっていた牧師で、最終的にはヒトラーの暗殺計画に連なったということで捕まって、終戦直前に絞首刑になって殺されました。キリスト教会の中では非常に重要な人物です。ヒトラーの暗殺計画にまで加わることは、クリスチャンとして許されたのか、というテーマもはらんでいる人物です。

ボンヘッファーがナチ政権発足直後の一九三三年四月に行った「ユダヤ人問題に対する教会」という講演があります。その講演においてボンヘッファーは、国家に対して教会がとるべき態度についての三重の可能性ということを論じます（『ボンヘッファー選集六　告白教会と世界教会』新教出版社、一九六八年）。少し固くて難しい言葉ですが、紹介しておきます。

「第一に、国家に対して、その行動が合法的に国家にふさわしい性格を持っているかどうかという問い、すなわち国家にその国家としての責任を目ざめさせる問いを向ける。第二に、教会は、国家の行動の犠牲者への奉仕をなす。教会は、すべての共同体秩序の犠牲者に対して、たといその共同体がキリスト教会の言葉に耳を傾けないとしても、無制限の義務を負っている。」

そのうえで、ボンヘッファーは「第三の可能性」としてこう言うのです。

「車の犠牲になった人々を介抱するだけでなく、その車そのものを阻止することにある。そのような行動は、直接的な教会の政治的行動であろうし、そのような行動は、教会が、法と秩序を建てる機能をもはや国家が果たしていないと見る時に、すなわち法と秩序の過小あるいは過剰の事態が出現していると見る時にのみできることであり、また求められることである。この両者の場合に教会は、国家の存在が、したがってまたその固有の実存が、おびやかされているのを見る。」

ここで彼が言っている「第三の可能性」とはこういうことです。車が暴走して路上の人をバタバタなぎ倒しながら走っているとする。その場に居合わせたキリスト者がすべきことは何か。「暴走する車が来ますよ。危ないから、気をつけなさい」と警告することか。車にはねられて怪我をした人を介抱することか。確かにそれらは大事だけれども、本当にしなければならないのは、「その車そのものを阻止することにある」、つまり暴走している車の前に立ちはだかって車を止め、運転手を引きずりおろすことなのではないかというのです。

おそらくこのときのボンヘッファーは、やがて自分がヒトラー暗殺計画に参加するようになるとは思っていなかったでしょう。しかしこの言葉には、究極の状況における倫理的な判断があることが示唆されています。あまりにも過激すぎる主張ではないかという批判もありましたが、事実として彼は、その責めを身に引き受ける覚悟でヒトラー政権と向き合った人物でした。

平和を作る努力

さらに、ボンヘッファーが一九三四年に、デンマークのファネーというところで行った「教会と世界の諸民族」という講演があります（前掲書）。その中の一節です。

「いかにして平和は成るのか。政治的な条約の体系によってか。いろいろな国に国際資本を投資することによってか。すなわち、大銀行や金の力によってか。あるいは、平和の保証という目的のために、各方面で平和的な再軍備をすることによってであるか。違う。これらすべてのことによっては平和は来ない。その理由の一つは、これらすべてを通して、平和（Friede）と安全（Sicherheit）とが混同され、取り違えられているからだ。安全の道を通って〈平和〉に至る道は存在しない。なぜなら、平和は敢えてなされねばならないことであり、それは一つの偉大な冒険であるからだ。それは決して安全保障の道ではない。平和は安全保障の反対である。安全を求めるということは、〔相手に対する〕不信感を持っているということである。そしてこの不信感が、ふたたび戦争をひきおこすのである。安全を求めるということは、自分自身を守りたいということである。平和とは、全く神の戒めにすべてをゆだねて、安全を求めないということであり、信仰と服従とにおいて、諸民族の歴史を、全能の神のみ手の中におくことであり、自分を中心とした考え方によって諸民族の運命を左右しようとは思わないことである。武器をもってする戦いには、勝利はない。神と共なる戦いのみが、勝利を収める。それが十字架への道に導くところでもなお、勝利はそこにある。」

第二次世界大戦の空気が強まってくるなかで、こういう講演をボンヘッファーは行いました。「平和」と「安全保障」とを比較する言葉は、いみじくも今の自民党の改憲草案九条が、平和主義をやめて「安全保障」とタイトルを書き換えようとしていることを暗示するかのようです。

「平和」と「安全」は違う。「安全」を通って「平和」に至る道は存在しない。これは非常に深い含蓄を含んだ言葉ではないでしょうか。

今の世の中を見渡してみると、とにかく安全が大事、セキュリティーが大事と言われています。安全のためにはどんなコストも惜しまない。安全であることが社会の優先順位の上位に据えられています。子どもたちに対しても「お隣の人は何をする人かわかりませんよ」、「知らない人は不審者と思いなさい」、「学校に名札をつけて行ってはいけませんよ」などと注意が促されます。それだけ子どもを狙う犯罪があることの表れでもあって、致し方ない部分もあるでしょう。それにしても社会は「安全」を求め続けます。

わが家の娘が小学校に上がったとき、下校時に教会の近くの通りに立って、帰りを待っていたことがありました。あるとき「徳丸○丁目の△△公園の近くに、最近不審者がいるみたいです。低学年の下校時には気をつけてください」という話になり、いろいろ聞いてみると、どうやらそれはぼくのことだなと（笑）。娘を心配するあまり、自分が不審がられてしまったという笑えない話なのですが、とにかく、そういう世の中です。

教会の玄関は、どなたでもご自由にどうぞ、ということでいつも開けてあります。ときどき交番のお巡りさんが地域の巡回で来るのですが、ピンポーンと呼ばれて玄関に顔を出すと、「最近はこのあたりも物騒ですから、玄関の戸締りをちゃんとしてください」と言われます。

「教会はだれが来てもいいように開けておくんです」と答える。

するとと「そうですか。でも防犯上、きちんと施錠してください」。

「いやいや、だから教会というのは……。」

なんてやりとりをすることがあります。

実際、教会にはホームレスの人や、さまざまな事情を抱えられた人が来ます。「死にたい」と言って訪ねて来た人もあります。生き悩む時代の中で、教会に行けば何か助けがあるのではないかと思ってやって来るのです。「そんな人に来られたら困ります」と言うこともできるでしょう。扉を閉ざして息を潜めることもできないわけではない。けれども、この人にとってここが人生最後の拠り所かもしれないと思ったら、「何かあったら、神さまが守ってくれるでしょう」という覚悟を決めて、扉を開けてお迎えするわけです。

平和とは、疑心暗鬼からは生まれません。「この人は何か企んでいるのではないか」と最初から疑ってかかっていたら、教会の牧師はやっていけません。平和をつくっていくには、こちらから相手に向けて自らを開いていかなければならないものだと思うのです。

ボンヘッファーが言うように、「安全を求めるというのは、『相手に対する不信感』をもっているということ」です。何でもセキュリティー、安全ではなくて、私たちが自分を開いていくことが、平和づくりのためには大切なのだと思います。うかつにトラブルに首をつっこんだら何をされるかわかりません。よかれと仲裁に入って、逆切れされることもあります。それでも、ある意味でのおせっかいというか、余計なことだけれども、対立している人のところに入っていく勇気、そういうものが本当に必要だと思うのです。

平和をつくる努力、それはまずは身近なところから始まっていくものでしょう。家族や近しい人たち、隣近所の方々、机を並べている同僚や友人、その人たちとの間に平和な関係をつくることをしなかったら、おそらく、日本の平和をつくりましょうと言っても、ほとんど説得力がないと思うのです。

憲法九条を守るためにせっせとデモに出かけておきながら、家族のことは後回しで、平和のためだといって活動しながら、夫婦の間に争いが絶えず、家の中が荒れていたら、平和のために働いていても、おそらくあまり説得力はないでしょう。自分に一番近い家族を愛する、友だちを愛する、職場の同僚を愛する、そういうところから「平和づくり」に励んでいく必要があるだろうと思います。

一ミリオン行く愛

聖書の倫理というのは、私たちに非常に高いものを求めてきます。先ほどもご紹介したイエス・キリストの言葉をもう一度読みます。

「『目には目を、歯には歯を』と言われていたのを、あなたがたは聞いています。しかし、わたしはあなたがたに言います。悪い者に手向かってはいけません。あなたの右の頬を打つ者には左の頬も向けなさい。あなたを告訴して下着を取ろうとする者には、上着も取らせなさい。あなたに一ミリオン行くように強いる者がいれば、一緒に二ミリオン行きなさい。求める者には与えなさい。借りようとする者に背を向けてはいけません。『あなたの隣人を愛し、あなたの敵を憎め』と言われていたのを、あなたがたは聞いています。しかし、わたしはあなたがたに言います。自分の敵を愛し、自分を迫害する者のために祈りなさい。」（新約聖書・マタイの福音書五章三八～四四節）

キリスト者はここに書いてあるような生き方ができる人間だ、というわけではありません。でも、「そうなりなさい」と言われたという事実を大事なことと受け取って生きようとする者であることは確かだと思っています。

「一ミリオン行くように強いる者がいれば、一緒に二ミリオン行きなさい」とイエス・キリストは言われました。

当時、聖書の舞台となったユダヤ・パレスチナという地域は、ローマ帝国の支配下にありました。ローマの兵隊に「一緒に来い」と命令されたら、ユダヤ人はローマ兵の荷物を担いで後について行かなくてはいけませんでした。昔の日本のお侍と農民のような話です。

一ミリオンとは一・五キロほどの距離で、これは否応なしについて行かないといけない距離でした。ところがイエス・キリストは、一ミリオン来いと言った人には、もう一ミリオン行け、一緒に二ミリオン行けと言われるのです。これは、とてもおもしろいことだと思います。

一ミリオンついて来いと言われてついて行くのは、支配と隷属の関係です。でも、二ミリオン一緒に行くことは、主体的で自由の行為なのです。相手に対して、自分が屈服させられている側、抑えつけられている側でありながら、「私はあなたのためには、もう一ミリオン一緒に行きますよ」というのは、相手の支配の力を、愛によって、自由によって克服していくことです。

人間は、愛されてしまったら弱いのです。嫌々ついて来る人にだったら、「ざまあみろ、重たい荷物を持たせてやろう」などと思うけれども、「あなたのためなら私は、もう一ミリオン一緒に喜んで行きますよ」と言われたら、「なんだこいつ、気持ち悪いな」と感じるのだと思います。

愛の力とは、相手の敵意や憎しみといった力を無力化していくもの、溶かしていくものです。そして私たちの憲法九条に流れている精神も、これと同じようなものなのではないかと思うのです。キリスト者の中にも、「日本が武力をもたない丸腰のままで、北朝鮮がミサイルを撃ってきたらどうするのだ」などと真顔で言う人がいます。

私たちキリスト者はそこで、剣には剣ではなく、愛の力を信じるのです。まるで非現実的で夢見がちな甘い理想論のように聞こえるかもしれません。けれども、愛の力を信じるというのは、私は単なる理想論ではなく、現実的なことだと思っています。愛することによって、相手を変えることができると思います。それは学校で先生方が、家庭でお父さんお母さんが、社会の中でさまざまな人がそれぞれの人間関係の中で、実は取り組んでいることなのではないでしょうか。

たとえば学校の先生。クラスにやんちゃな子どもたちがいて、反抗期で、敵意をむき出しに歯向かってくるような子どもたちがいて、でもそういう子どもたちを、先生たちは愛して、抱きしめて、愛し抜いていく。そうすることで、その子どもたちが変わっていく。そこに教育の力があるのだろうと思うのです。

私たちは個人のレベルでもそうですが、国家のレベルであっても、愛の力を信じたいと思うのです。かつて鳩山元首相が東アジアの平和を語り、「友愛の政治」を語ったとき、多くの人は甘っちょろい理想主義だとせせら笑いました。確かにそうかもしれない。現実はそれほど甘くない。状況は非常に厳しい。それぞれの国は自分たちの思惑に沿って、したたかに、熾烈にしのぎを削り合う現実があるでしょう。

けれども、そこで私たちは愛の力を信じる、平和の理想を信じる、そしてそれらをあきらめず、望み続ける。忍耐しつつ、努力しつつ、希望を捨てずに、一ミリオンの道のりを、もう一ミリオン一緒に行く愛をもち続けたいと願います。

希望としてのキリスト教

宮田光雄先生という方がおられます。東北大学の名誉教授で、ドイツの政治思想史の碩学で高潔なキリスト者の先生です。数多くの著書があってご存じの方も多いことと思います。宮田先生は特にヒトラー時代のナチ・ドイツについてのご専門で、平和の問題に対しても積極的に発言を続けておられ、私はこの先生の書物から大変多くのことを教えられてきました。その宮田先生があるとき、私にお手紙をくださいました。昨今の政治状況について記された手紙の最後のところに、こういうことを書いてくださっていました。

「状況は一段と厳しくなっていますが、悲観したりするのでは負けです。闘いの仕方の工夫は必要です。おそらく一層必要なのは、終末論的な意味での大いなる希望のゆえに、キリスト者は小さい希望を失うことなく、闘い続けること、バルト的（カール・バルト、ドイツの神学者）に言えば、〈最後から一歩手前の真剣さ〉で真剣に——それゆえにキリスト教的ユーモアをもって——責任を果たすことです。」

ユーモアの力が大事だというのです。岩波新書の宮田先生の著書に『キリスト教と笑い』（岩波書店、一九九二年）という一冊があるのですが、その中に、ヒトラーの時代に、いかに民衆たちがユーモアによって闘っていったかということが書かれています。私たちの平和のための働きかけというのは、どうしても悲壮感がただよってきますが、でもそうではないのだと教えられてうれしくなるのです。希望の中でユーモアをもって、愛の力を信じて、一つ一つオセロをひっくり返していくようにしながら、平和をつくっていくことをしていきたいと思います。

この宮田先生のお手紙に出てくる「カール・バルト」という人。この人は、キリスト教界ではその名を知らない人はいないというほどの人物で、二〇世紀最大の神学者と呼ばれるほどの方です。スイス人なのですが、ドイツの大学で神学を講じました。先のボンヘッファーと同様に、ヒトラーとナチ政権に対して抵抗した「ドイツ告白教会闘争運動」の理論的リーダーでした。

バルトは戦時中、ドイツのボン大学で教えていたのですが、ナチ政権の命令で、公務員はヒトラーに対する忠誠と服従を求められ、大学の授業の始まりには右手を挙げて「ハイル・ヒトラー」とやってから授業を始めなければならないと命じられます。しかしバルトはこの命令には従えないと、拒否したのです。

学んでいる学生の中には、ヒトラー・ユーゲントの学生もいるわけです。彼らが立ち上がって「ハイル・ヒトラー」とやると、教官はそれに応じなければならないのですが、バルトはこれを拒否します。学生が「ハイル・ヒトラー」をやろうとすると、「部屋の電気をつけなくちゃ」とか「ちょっとカーテンが……」などと言って、それをかわしていたそうです。そして、そのかわりに聖書の言葉を一節読んでから授業を始めるようにしていました。しかし、ついにバルトは宣誓拒否を咎められ、裁判にかけられて、失職してしまいます。その後、ボンを追われて、ドイツから国外退去を命じられて、スイスのバーゼルに戻って行きました。

このバルトの思想の中に、「最後から一歩手前の真剣さ」があると言われます。それがバルトのユーモアの源泉でもあったのではないかと思うのです。ナチ政権との闘いは、それこそ生きるか死ぬかのような熾烈で過酷なものだけれど、それでも「大きな希望」を信じているがゆえに、私たちには全く絶望してしまうような状況というのは、この地上においてはありえない、どんなに状況は厳しくても、なおそこに希望がある。だからこそ目覚めて、ユーモアをもって、一歩手前の真剣さで、希望をもって生き続ける、闘い続ける。こういうことを言い続けた神学者なのです。

宮田先生が二〇一五年に、岩波現代全書でバルトの評伝をお書きになりました。『カール・バルト　神の愉快なパルチザン』（岩波書店、二〇一五年）という書物です。その中で宮田先生が紹介された一つのエピソードがあります。

バルトが晩年にスイスのバーゼル大学を引退後、アメリカに数週間の講演旅行に行ったときのことです。各地で講義を行い、シカゴ大学を訪れた折、講演の質疑応答で一人の若い学生が立ち上がり、バルトに向かって「先生がこれまで論じてこられた神学を一言で要約してくれませんか」と質問したそうです。「世界に名だたる大神学者に向かって、なんて質問をするのか」と周りがざわめき、ハラハラする中で、バルトはにっこり笑いながら「その質問に答えるのは私にとってとてもやさしいことです。私が子どものころに母親の膝に座って聴いた賛美歌の言葉でお答えしましょう」と言って、彼が幼い頃から口ずさんできた賛美歌の一節を歌って聞かせたそうです。

「主われを愛す、主は強ければ、われ弱くとも　恐れはあらじ」

（教会福音讃美歌五二一番）

この賛美歌は、日本の教会でも最も親しまれているもので、今でも子どもたちがよく歌うものです。「神さまは私を愛してくださっている。神さまは強いお方なので、私が弱くても恐れることはない。私がやってきた仕事はみんなこの歌のとおりなのだ」と、バルトが答えたというエピソードに、私はとても大きな励ましと慰めを受けました。

そして私自身もまた、この賛美歌にいつも励まされているのです。「主われを愛す、主は強ければ、われ弱くとも　恐れはあらじ」。別の日本語の歌詞ではこうです。

「『主がついていれば　こわくはない』と　聖書のうちに　書いてあります」

（聖歌六五五番）

こういう時代の中で、なかなか希望がもてない、楽観的になれない状況が続いています。

疲れを覚え、あきらめの中に取り込まれそうになることがあります。政治的な発言や行動をすると、反発を受けたり、誹謗中傷の矢が飛んできたりすることもあります。かつての祖父のように投獄の危険が来るかもしれないと、恐れに捕らわれそうになることもあります。

けれども「主は強ければ、われ弱くとも　恐れはあらじ」、「『主がついていれば　こわくはない』と　聖書のうちに　書いてある」。この約束を握りしめ、子どものように繰り返し口ずさみ、生きていきたいと願います。

悲観せずに、絶望せずに、希望を抱いて、ユーモアをもって、「剣を鋤《すき》に、その槍を鎌に打ち直す。国は国に向かって剣を上げず、もう戦うことを学ばない」という究極のビジョンの実現に向けて、平和をつくる努力を一歩一歩続けていきたいと思うのです。

私にとってはこのような生き方の拠り所が、神の言葉、聖書にある。この言葉があってこそ、こういう生き方があるということを、皆さんの心に留めていただければ、大変幸いであると思っております。

あとがき

本書は、二〇一八年四月一七日に開催された、「私学九条の会・東京」結成一二周年記念・第四一回憲法学習会での講演の記録です。

この集まりは、私立学校の教職員の方々を中心としたもので、当日はミッションスクールに勤める先生方もおられたものの、参加者の大半はキリスト教とはほとんど接点のない方々でした。そのような場に牧師として招かれてお話をするということで、どういう内容を語るべきか祈りつつ考えました。そして行き着いたのは、「いつものように、いつものことを」ということでした。それで、なるべくいつもの語り口調で、自然体で話すことを心がけました。通常、説教や講演をする際には完全原稿を用意するのですが、このときは手許にアウトラインだけを用意して、比較的自由にお話しするようにしました。今回、当日の講演を書き起こしたものに加筆修正を施しましたが、できるだけ当日の雰囲気を残すように努めたつもりです。

ふだん、地元で平和作りのためにともに活動している方が、わざわざ講演を聴きに来てくださいました。「とてもよかった。地元の集まりでも話してほしい」と言ってくださいました。聖書の語る平和のヴィジョンに耳を傾けてくださる方々がいることに、大きな励ましを受けています。

この夏、安倍首相は、秋の臨時国会に憲法改正案を提案したいと発言しました。いよいよ改憲の国会発議の時が近づいているという緊張を覚えています。

憲法や平和に対する考え方、政治に対する関わり方について、キリスト教会の中でもさまざまな考え方があります。「キリスト者として」といっても、筆者と全く違った立場もあります。いずれにせよ、聖書に照らし、歴史に学びながら、憲法や政治についても大いに議論が起こることが願わしいと思います。

「最大の悲劇は、悪人の圧制や残酷さではなく、善人の沈黙である」とキング牧師は語りました。この時代に沈黙し続けていては、地の塩、世の光としての役割を果たすことはできません。私たちなりの証しの立て方を、真剣に祈り求める時が来ているのではないでしょうか。

キング牧師の非暴力抵抗の姿は、私なりに言い換えれば「言葉の力を信じる」ということです。言葉を尽くして社会を変革していく。言葉を尽くして正義を川のように流れさせる。言葉を尽くして大いなる希望を指し示していく。この社会に神のみこころにかなった正義と公正が実を結ぶために、愛をもって働きかけていく者でありたいと願います。

本書の校了後に、松谷好明先生から新著『キリスト者への問い――あなたは天皇をだれと言うか』（一麦出版社、二〇一八年）を頂戴しました。一読して、現行憲法の、そして戦前から今に続く私たちの社会の最大の課題である天皇制についての認識を正されました。本書でこの点を十分に論じることのできなかったことを反省しています。

最後に、講演の機会を与えてくださった私学九条の会・東京事務局の皆さんに感謝します。今回も、いのちのことば社の米本円香さんに大変お世話になりました。

この小さな書物が、平和作りのための小さな道具のひとつになればと願っています。門外漢ゆえの間違いなどありましたら、忌憚なきご批評をお寄せいただければ幸いです。

戦後七十三年、憲法施行七十年の夏の終わりに

朝岡　勝

著者

朝岡　勝（あさおか・まさる）

1968年茨城県出身。東京基督教短期大学、神戸改革派神学校卒。

日本同盟基督教団徳丸町キリスト教会牧師。

著書に『〈あの日〉以後を生きる――走りつつ、悩みつつ、祈りつつ』『ニカイア信条を読む――信じ、告白し、待ち望む』『ハイデルベルク信仰問答を読む――キリストとのものとされて生きる』『増補改訂　「バルメン宣言」を読む』(いのちのことば社)、共著に『福島で生きていく』(いずれも、いのちのことば社)、『キリストが主だから　いま求められる告白と抵抗』(新教出版社)、『教えてパスターズ!!』(キリスト新聞社)ほか。

カイロスブックス 1

剣を鋤に、槍を鎌に
――キリスト者として憲法を考える

2018年10月20日　発行

著　者　　朝岡 勝
装　丁　　桂川　潤
印刷製本　シナノ印刷株式会社
発　行　　いのちのことば社
〒164-0001 東京都中野区中野2-1-5
電話 03-5341-6922（編集）
03-5341-6920（営業）
FAX03-5341-6921
e-mail:support@wlpm.or.jp
http://www.wlpm.or.jp/

ISBN 978-4-264-03967-9